Die besinnlichen Tage zwischen Weihnachten und Neujahr haben schon manchen um die Besinnung gebracht.

Joachim Ringelnatz (1883–1934)

Noch mehr Weihnachts-bräuche & Rezepte

von
Katharina Kleinschmidt

Trotz gewissenhafter Bearbeitung kann eine Haftung für den Inhalt nicht übernommen werden. Für aktuelle Ergänzungen und Anregungen ist der Verlag jederzeit dankbar. Wir bedanken uns bei allen, die uns unterstützt haben.

Impressum

Gerichtsweg 28, 04103 Leipzig
Tel.: 0341 / 49 35 74-0, Fax: 0341 / 49 35 74-40
www.buchverlag-leipzig.de

Bildnachweis: Seite 128
Gestaltung und Satz: Amrei Serfling, Leipzig
Druck: Druckhaus Gera
Bindearbeiten: Müller Buchbinderei GmbH, Leipzig
Printed in Germany

1. Auflage 2023
ISBN 978-3-89798-662-6

Alle Jahre wieder ...

Weihnachten ist nur einmal im Jahr! So seltener Besuch ist der liebste – auf der ganzen Welt! Die Zeit der Lichter, der Geschenke und des fröhlichen Beisammenseins wärmt die Herzen in der dunklen Jahreszeit. Die christlichen Wurzeln treten oft in den Hintergrund, weswegen sich das Fest auch in Ländern mit anderen Religionen durchgesetzt hat. Schöne, außergewöhnliche und manchmal auch lustige Bräuche sind in den verschiedensten Winkeln der Erde entstanden. Und wenn die Sonne auf der südlichen Erdhälfte nach Kräften scheint, tut das der Begeisterung keinen Abbruch. Nicht ganz unschuldig sind findige Marketingstrate-

gen, die mit dem Weihnachtsgeschäft auf hohe Umsätze hoffen. Die Geschenke stehen im Geist der Gaben, die die Heiligen Drei Könige dem Christuskind brachten. Der Spagat zwischen der schönen Sitte des Schenkens und dem ausufernden Kommerz muss überall gelingen, damit der Geist der Weihnacht erhalten bleibt.

Alle Menschen lieben Weihnachten? Wohl nicht ganz. Hartnäckige Weihnachtsmuffel finden sich überall. Auch bei uns verweigern sich einige dem, was sie für kitschig und aufgesetzt halten. Dass ganze Länder Weihnachten einfach ignorieren, ist dagegen eher selten. Eines dieser Exemplare sind – man glaubt es kaum – die Weihnachtsinseln. Und der ganze Rest freut sich auf wundervolle, nahrhafte und fröhliche Weihnachten.

Deutschland

Das deutsche Weihnachtsfest folgt langen Traditionen und besteht aus vielen lieb gewonnenen Ritualen. Am 1. Advent wird die erste Kerze auf dem Adventskranz entzündet und am 6. Dezember stellen die (braven) Kinder ihre Schuhe vor die Tür. Der Besuch eines festlich beleuchteten Weihnachtsmarktes gehört ebenso zum Fest wie die klassische Weihnachtsgans oder der Weihnachtskarpfen. Neben den Highlights gibt es aber auch die kleineren Dinge, die das Weihnachtsfest erst komplett machen. Nüsse zum Beispiel haben eine lange weihnachtliche Tradition. Sie sind ein Sinnbild von Gottes Weisheit, zeigen aber auch die zwei Seiten des Lebens: die schöne äußere Hülle und die verborgene, vielleicht dunkle Seite. DER Weihnachtsklassiker im Fernsehen ist auf jeden Fall „Drei Haselnüsse für Aschenbrödel". Auch diese drei Nüsse vermögen Unglaubliches zu vollbringen und besiegeln am Ende eine große Liebe. Pragmatische Menschen weisen natürlich darauf hin, dass Nüsse im Winter als haltbares Lebensmittel überzeugende Vorteile haben. Auch der Pfefferkuchen ist nicht wegzudenken vom weihnachtlichen Kaffeetisch. Ursprünglich war das tatsächlich mit Pfeffer gewürzter Honigkuchen. Das Gewürz war so teuer, dass es nur an hohen Festtagen verwendet wurde. Heute sind Kardamom, Zimt, Nelken und Muskat an die Stelle des Pfeffers getreten.

Beim Weihnachtsschmuck begegnet man immer wieder dem Stern, sei es auf der Spitze des Weihnachtsbaums, bei den sternförmigen Keksen auf dem Backblech oder als Herrnhuter Stern. Er soll an den Stern erinnern, der die Heiligen Drei Könige nach Bethlehem geführt hat. Für das Gold, das Melchior dem Jesuskind bringt, steht das Lametta. Neben Gold dominieren die Farben Grün und Rot in der Weihnachtszeit. Das Grün, das durch die Tannen symbolisiert wird, ist die Farbe der Hoffnung und der Treue von Jesus zu den Menschen. Das Rot in der Kleidung des Weihnachtsmannes oder bei den Äpfeln, die manche noch an ihren Baum hängen, steht für das Leiden, das Jesus aufgenommen hat, und das Blut, das er vergossen hat.

Am 24.12. bringen der *Weihnachtsmann* oder im südlichen Deutschland das *Christkind* die Gaben. *Fröhliche Weihnachten!*

Pfefferkuchen

- 300 g Weizenmehl
- 1/2 Pck. Backpulver
- 100 g Zucker
- 1 Pck. Vanillinzucker
- Zimt, Kardamom, Ingwer, Anis, gemahlene Nelken, Muskatnuss (nach Geschmack jeweils 1–2 Msp.) zum Würzen
- 100 g Butter
- 1 Ei
- 150 g Honig

Mehl, Backpulver, Zucker, Vanillinzucker und Gewürze vermengen. Das Ei und den leicht erwärmten Honig sowie die zimmerwarme Butter dazugeben und gut durchkneten. Den Teig über Nacht im Kühlschrank ruhen lassen. Den Teig ca. 1/2 cm dick ausrollen und ausstechen. Auf Backpapier bei 180 °C Umluft ca. 10 Minuten backen. Nach dem Abkühlen mit Zuckerguss oder farbiger Zuckerschrift aus der Tube verzieren.

Die Welt bei uns zu Gast

Die weihnachtliche Globalisierung schreitet voran. So wie sich unsere Traditionen aufmachen in die weite Welt, so kommen schöne Rituale von mehr oder weniger weit her zu uns. Im Radio wird mehr „Jingle bells" als „Ihr Kinderlein kommet" gespielt. Manche mögen das bedauern, andere finden es einfach den besseren Song. Auch „White christmas", das erstmals 1941 von Bing Crosby gesungen wurde, ist aus dem Weihnachtsrepertoire nicht wegzudenken. Das spanische „Feliz Navidad" hat 1970 das Licht der Welt erblickt und wurde von dieser sofort geliebt. Aus Amerika kennt man die überbordende Hausbeleuchtung, die mitunter das Stromnetz in den Kollaps treibt. So weit ist es noch nicht bei uns, aber die illuminierte Außendekoration ist auch hier im Kommen.

Die beiden TV-Klassiker zu Weihnachten sind „Der kleine Lord" (Großbritannien) und wie bereits geschrieben „Drei Haselnüsse für Aschenbrödel" (Tschechien), das übrigens unter anderem auf der sächsischen Moritzburg gedreht wurde.

Eine skandinavische Tradition ist das Julklapp. Eine größere Gruppe, vielleicht eine Schulklasse oder eine Bürogemeinschaft, beschenkt sich gegenseitig. Alle, die mitmachen, werfen ihren Namen in eine Losbox. Wer den Namen zieht, ist für das jeweilige Geschenk zuständig. Aus Dänemark kommt der Weihnachtsteller, der bei uns eine Zeitlang sehr beliebt war, jedoch inzwischen aus der Mode ist. Porzellanhersteller geben diese Weihnachtsteller als Sammlerstücke, versehen mit der entsprechenden Jahreszahl, heraus. So zierte manches Esszimmer eine ganze Kollektion von Weihnachtstellern.

Äthiopien

Fast die Hälfte der Menschen in Äthiopien gehört dem äthiopisch-orthodoxen Christentum an. Hier richtet man sich nach dem alten julianischen Kalender. Erst, wenn bei uns der letzte Weihnachtsschmuck wieder eingemottet ist, wird in der Nacht vom 6. auf den 7. Januar Weihnachten gefeiert. Das heißt in der Landessprache Amharisch entweder Genna oder Lidet (eigentlich: Geburtstag).

Die Vorweihnachtszeit steht im Zeichen des Fastens. In der letzten Novemberwoche beginnt der 43-tägige Verzicht, der die Reinigung von Körper

Weihnachtsbaum am Tana-See in Bahir Dar »

und Geist zum Ziel hat. Zum Weihnachtsfest wird das Fastenbrechen gefeiert, das mit einem Besuch in der Kirche eingeläutet wird. Man versammelt sich weiß gekleidet zu einem rund sechsstündigen Gottesdienst, der bis in die frühen Morgenstunden dauert. Da der Andrang so groß ist, werden vor den Kirchen Lautsprecher aufgebaut, damit wirklich alle teilhaben können.

Nach der Kirche gehen die Familien nach Hause, um das Fastenbrechen vorzubereiten. Alles, auf das mehr als sechs Wochen verzichtet werden musste, wird aufgefahren – unter anderem der Brotfladen Injera und das äthiopische Nationalgericht Doro Wat. Der soziale Aspekt spielt eine große Rolle: man feiert mit der Familie, der Verwandtschaft und mit Freunden, gibt aber auch großzügig an Ärmere ab. Geschenke gibt es nicht in Hülle und Fülle, aber man freut sich über nützliche Gaben. Hier übernehmen die Eltern die Rolle des Weihnachtsmannes.

Mit Tanz und Musik wird den ganzen Tag bis in die Nacht gefeiert. Das traditionelle Spiel am 7. Januar ist Ganna, das unserem Hockey ähnelt. Gespielt wird in zwei beliebig großen Teams, zum Beispiel zwei Familien oder zwei Dörfer. Man versucht mit gebogenen Holzschlägern einen Ball ins gegnerische Feld zu treiben und dieses damit zu „erobern“. *Melkam Genna! Melkam Yelidet Beaal!*

Doro Wat

- 4 Hähnchenschenkel
- Saft von 1 Zitrone
- 500 g Zwiebeln
- 20 g Zucker
- 30 g Butter
- 5 Knoblauchzehen
- 30 g frischer Ingwer
- 1 kleine Dose Tomaten
- Paprikapulver, Kardamom, Kreuzkümmel, Zimt, Salz
- 4 hartgekochte Eier

Fleisch mindestens 4 Stunden im Zitronensaft marinieren. Kleingeschnittene Zwiebeln in Zucker und Butter karamellisieren. Ingwer und Knoblauch dazugeben und 20 Minuten köcheln lassen. Gewürzmischung und die gut abgetropften Tomaten dazugeben und im geschlossenen Topf mit den Hähnchenschenkeln 60 Minuten kochen. Zuletzt mit den geschälten hartgekochten Eierhälften oder -vierteln dekorieren. Mit Fladenbrot (Injera) servieren.

Brasilien

Feliz Natal! Weihnachten in Brasilien – das heißt mindestens 25 Grad im Schatten. Nicht weiter verwunderlich, dass der große Weihnachtstrubel im Dezember draußen stattfindet. Spektakulär sind die Weihnachtsparaden, die in jeder Stadt durch die Straßen ziehen. Das weihnachtliche Personal von Weihnachtsmännern über Elfen und Engel bis zu lebendigen Lebkuchenmännern tanzt und singt an Tausenden von Zuschauern vorbei, begleitet von fantasievollen Wagen und laut aufspielenden Musikkapellen. Der besondere Sound entsteht durch den Christmas Samba, der die klassischen Weihnachtslieder in swingende und mitreißende Musik verwandelt. Sehr beliebt: „Ó Pinheirinho de Natal", das brasilianische „O Tannenbaum".

Ein großes Vergnügen in der Vorweihnachtszeit ist der „Amigo secreto", der heimliche Freund. Das Spiel wird in Familien oder Betrieben gespielt und ähnelt dem deutschen Wichteln. Etwas tricky ist, dass niemand seinen Klarnamen benutzt. Die Empfänger können ihr Geschenk selber identifizieren, wissen aber nicht, von wem das Geschenk stammt.

Am 24. Dezember ist der wichtigste Tag des Weihnachtsfestes. Man kommt mit der Familie nach dem Gottesdienst am frühen Abend zum Ceia de Natal, zum Weihnachtsessen, zusammen. Es gibt meist mehrere Gerichte, darunter gefüllten Truthahn, frisches Gemüse, Früchte,

Paranüsse und bunten Gemüsereis. Und wer noch kann, genießt eines der vielen Desserts, zum Beispiel Zitronentarte, Maracuja-Mousse, Schokoladenkuchen oder Milchpudding mit Karamellsoße. Danach gibt es die Bescherung mit *Papai Noel.* Der 25.12. ist noch Feiertag, der aber ruhiger verbracht wird. Man besucht Freunde, geht an den Strand und isst die Reste des Weihnachtsmahls. Am 26.12. ist Weihnachten vorbei – die Arbeit ruft wieder.

« *Der größte schwimmende Weihnachtsbaum der Welt, Rio de Janeiro*

Zitronentarte

Für den Teig:

- 50 g Zucker
- 100 g weiche Butter
- 150 g Mehl, 1 Prise Salz

Für die Zitronenfüllung:

- Schale und 200 ml Saft von 4–5 Bio-Zitronen
- 120 ml Sahne
- 190 g Zucker
- 4 Eier

Die Zutaten für den Mürbeteig mit dem Mixer ordentlich durchkneten und zu einer Kugel geformt, in Frischhaltefolie gewickelt in den Kühlschrank legen. Ca. zwei Stunden ruhen lassen.

Dann den Teig herausnehmen, ausrollen, mit einer Gabel mehrfach einstechen und in eine gut gefettete Tarteform legen. Im vorgeheizten Ofen bei 200 °C 10 bis 15 Minuten vorbacken.

In der Zwischenzeit die Zitronenfüllung vorbereiten. Zuerst die Schale der Zitronen abreiben und dann die Früchte auspressen. Je nach Größe benötigt man ca. vier bis fünf Zitronen. Nun zusammen mit der Sahne, Zucker und Eiern in einem Messbecher kurz aufmixen. Wenn die 15 Minuten Vorbacken für den Mürbeteig um sind, die Füllung auf den Teig gießen. Die Temperatur auf 150 °C reduzieren und die Tarte weitere 40 Minuten backen.

Griechenland

Auf die Freuden der Adventszeit müssen die Kinder in Griechenland verzichten. Die 12-tägige Weihnachtszeit beginnt erst am 25. Dezember. Zuvor fasten viele Menschen 40 Tage lang und verzichten auf Fleisch, Eier, Milch und Genussmittel. Am Heiligabend stimmt man sich auf Weihnachten ein und der Trubel auf den Straßen ist entsprechend groß. Bei meist milden Temperaturen lockt es alle hinaus auf die Plätze. Kinder ziehen, in Trachten gekleidet, von Haus zu Haus und singen Weihnachtslieder (Kalandas). Wer die Kinder beschenkt, kann im nächsten Jahr Glück erwarten. So landen in den Taschen der kleinen Sänger viele Süßigkeiten, manchmal auch ein wenig Geld. Am 31.12. und am 5.1. dürfen die Kinder nochmals losziehen.

Die Häuser und Straßen sind festlich geschmückt. Die Weihnachtsbäume sind nicht immer echt, dafür bunt dekoriert. Eine Besonderheit ist das Weihnachtsboot. Umschlungen vom Meer, kommt dem Boot in Griechenland eine große Bedeutung zu. Ob in klein im Haushalt oder

in groß auf den Plätzen – ein festlich beleuchtetes Boot darf nicht fehlen.

Ab Heiligabend brennen in den Kaminen und manchmal auch im Freien die Weihnachtsfeuer, die zum einen den neugeborenen Jesus in der Krippe wärmen, andererseits auch die frechen Weihnachtskobolde (Kalkanzari) im Zaum halten sollen. Mit dem *Christoxilo* wird ein besonders schönes Holzscheit gewählt, das manchmal über Monate darauf wartet, das erste Weihnachtsfeuer zu entzünden.

Am 24.12. abends isst man noch recht bescheiden in der Familie zusammen, am 25.12. wird es beim Fastenbrechen

« *Ein Karavaki – symbolisches Weihnachtsschiff in Athen*

schon üppiger und steuert auf das eigentliche Weihnachtsessen am 31.12. zu. Die Tische biegen sich unter Truthahn, Spanferkel, Fisch und vielen griechischen Köstlichkeiten, darunter auch das leckere Honiggebäck *Melomakarona,* die traditionellen Weihnachtkekse *Kourabiedes* und die *Vasilopita.* Letzteres ist ein süßer Hefekuchen, der mit Zimt, Kardamom und Anis gewürzt ist. Im Teig wird eine Münze mitgebacken. Alle hoffen, das entsprechende Stück zu ergattern. Der Legende nach hat der Heilige Vasilios seine Wohltätigkeit gegenüber Armen auf diese Art gezeigt. Der *Heilige Vasilios* ist übrigens auch für die Geschenke zuständig, die die Kinder (und Erwachsenen) am Morgen des 1. Januars unter ihren Betten finden. *Kala Christougenna!*

MELOMAKARONA

Für den Teig:

- 500 g Weizenmehl
- 1 Pck. Backpulver
- 150 ml Olivenöl
- 50 g Zucker
- 100–200 ml Orangensaft
- 100 g gehackte Walnüsse
- 1 TL gemahlener Zimt
- 1 Prise gemahlene Nelken

Für den Sirup und das Topping:

- 200 g Zucker
- 100 ml Honig
- 200 ml Wasser
- 1 Zimtstange
- einige Nelken
- 100 g gehackte Walnüsse

Die Zutaten für den Teig gut durchkneten und mit einem Löffel in Portionen zerteilen. Flachdrücken und bei 200 °C ca. 20 Minuten backen. Den Sirup mit allen Zutaten außer den Walnüssen aufkochen und jeweils einige Melomakarona mit einem Schaumlöffel für zwei Minuten in den Sirup tauchen. Danach mit den gehackten Walnüssen bestreuen.

Grönland

Vor knapp 200 Jahren machten sich wackere Missionare auf den Weg, um die Botschaft des Christentums zu verbreiten. Ihre Heimat: Herrnhut in Sachsen, ihr Ziel: Grönland. Im wahrscheinlich überschaubaren Gepäck befand sich der obligatorische Herrnhuter Stern. Heute ist die Herrnhuter Brüderschaft in Grönland Geschichte, ihr Stern leuchtet aber gelb oder orange in jedem weihnachtlich geschmückten Wohnzimmer. Am 1. Advent werden die Wohnungen herausgeputzt. Kekse und Glögg, ein leckerer Glühwein, versüßen die Vorfreude auf das Fest.

Die für uns wichtige Frage, ob zu Weihnachten wohl Schnee liegen mag, stellt sich den Grönländern nicht. Es liegt Schnee! Nicht so einfach ist die Frage, wo der Baum herkommt. Im Klima der arktischen Tundra tun sich Nadelhölzer schwer. Da hilft nur der Import der schmucken Bäume. Vor einigen Jahren begannen Biologen, Weißtannen anzupflanzen – mit gutem Erfolg. So kann ein Teil des Bedarfes heute aus einheimischer Produktion bestritten werden.

Als eigenständiger Teil von Dänemark ist Grönland auch in seinen Traditionen eng an das Mutterland gebunden. Der Umzug zum Luciafest am 13. Dezember darf genauso wenig fehlen wie die Weihnachtswichtel, die fleißigen Gehilfen des

Der Briefkasten vom Weihnachtsmann » in Uummannaq

POSTBREVKASSE

Weihnachtsmannes. Diese *Jul-Nisse* mit ihren roten Zipfelmützen sind freundliche Kerlchen, die aber zu Streichen aufgelegt sind. Daher sollten sie keinesfalls gereizt werden. Zur Besänftigung hilft oft ein Teller mit Reisbrei, der vor die Tür gestellt wird.

Am 23. Dezember startet das eigentliche Weihnachtsfest mit dem „Lille juleaften", dem kleinen Weihnachtsabend. Der Baum wird geschmückt und die Vorbereitungen laufen auf Hochtouren. Am 24. Dezember gibt es Geschenke vom *Julemand* und ein festliches Mahl. Auf dem Speiseplan steht Rentierbraten, manchmal auch Fleisch von Robben oder Walen. Die Herren des Hauses sind für die Getränke zuständig. Als Dessert gibt es Risalamande (Reis mit Mandeln). Nach dem Essen tanzt jeder, der sich noch bewegen kann, um den Weihnachtsbaum. *Juullimi Ukiortaassamilu Pilluarit!*

Übrigens: Angeblich steht das Ferienhaus des Weihnachtsmannes auf Uummannaq, einer kleinen Insel im Westen von Grönland. Hier erholt sich Julemand im Sommer von der anstrengenden Weihnachtszeit.

Risalamande

- 125 g Milchreis
- 500 ml Milch
- 200 ml Schlagsahne
- 100 g gehackte Mandeln
- Zucker, Vanillezucker und ein Schuss Rum (Menge jeweils nach Wunsch)

Milchreis kochen. Die geschlagene Sahne unter den erkalteten Milchreis heben. Die Mandeln vorsichtig unterrühren. Danach mit Zucker, Vanillezucker und einem Schuss Rum abschmecken. Letzteres natürlich nur, wenn keine Kinder mitessen. Mit kalter oder heißer Kirschsauce servieren.

Neben den gehackten Mandeln kann eine ganze Mandel im Reis versteckt werden. Der- oder diejenige, die die Mandel findet, bekommt ein Extra-Geschenk.

Indien

Tannen in Indien? Fehlanzeige. Das tropische Klima ist nichts für eine echte Nordmann-Tanne. Soll es dann nicht ein Plastikbäumchen sein, müssen Mango- oder Bananenbäume herhalten. Die werden mit Lichterketten, Baumschmuck, Naschkram und Lametta geschmückt. Gerne bunt und gerne viel. Weihnachten in Indien ist ein wichtiges Fest und offizieller Feiertag. Zwar stellen die Christen eine Minderheit in der Bevölkerung, aber die Einflüsse der britischen Kolonialzeit sowie der amerikanischen Medien machen das Fest zu einem Mix aus verschiedenen Traditionen.

Die Vorweihnachtszeit beginnt mit dem 1. Advent. Wie beim indischen Lichterfest Diwali steht die farbenfrohe Beleuchtung im Vordergrund – sei es mit Kerzen oder elektrisch. Sternsinger, die Christmas Kerls, ziehen singend durch die Straßen und sammeln Geld für einen guten Zweck. Verkleidet sind sie als Jesus und Maria mit dem Jesuskind, flankiert von kleinen Kerzenträgern. Die Straßen in den Stadtzentren sind ebenso farbenprächtig geschmückt – angelehnt an das westliche Weihnachtsbild.

Das heimische Weihnachtsfest findet vornehmlich in christlichen Familien statt. Man besucht am 24.12. die Mitternachtsmesse, die mitunter mehrere Stunden dauert. Die Geschenke vom *Christmas tataa* gibt es dann am 25.12. morgens. Manche Familienoberhäupter dürfen sich über eine Zitrone freuen. Das ist keinesfalls ein Wink mit dem (sauren) Zaunpfahl, sondern ein Zeichen von Wertschätzung und Liebe. Im Anschluss wird getafelt. Es gibt nicht das eine klassische Weihnachtsgericht, sondern es sind traditionelle indische Speisen, die reichlich und in großer Vielfalt auf dem Tisch stehen. Auch Süßspeisen wie Laddus aus Kichererbsenmehl dürfen nicht fehlen. *Krisamas kee badhaee!*

« *Landestypische Gerichte*

Laddus

- 100 g Kichererbsenmehl
- 100 g Butter
- 50 g gehackte Mandeln
- Mark aus 1 Vanilleschote
- 20 g Kokosraspel
- 50 g Zucker
- 3–4 getrocknete Datteln
- Sesamkörner

Das Kichererbsenmehl in die heiße Butter geben und unter Rühren bräunen. Mandeln ebenfalls in Butter rösten und mit dem Vanillemark, Kokosraspel, Zucker und kleingehackten Datteln in den Teig geben. Gut vermengen und kleine Bällchen formen. Auf Wunsch in Sesamkörnern wälzen und im Kühlschrank kaltstellen.

Irland

Am 8. Dezember feiert die katholische Kirche „Maria Empfängnis". Erst an diesem Tag beginnt in Irland offiziell die Weihnachtszeit. Die Häuser werden geputzt und mit Girlanden, Kerzen, Efeu und Stechpalmenzweigen geschmückt. In letzter Zeit hat sich auch der Weihnachtsbaum durchgesetzt. Über die Türen hängt man gerne einen Mistelzweig, damit die Liebe nicht zu kurz kommt. Eine gute Gelegenheit für einen Kuss, der dem Aberglauben nach in eine glückliche Zweisamkeit führt. Auf dem Tisch steht der Adventskranz, der im Gegensatz zu unserem fünf Kerzen hat. Drei violette Kerzen werden am 1., 2. und 4. Advent entzündet. Eine rosa Kerze symbolisiert die Vorfreude auf Weihnachten und darf ab dem 3. Advent brennen. Die fünfte Kerze ist weiß und steht für die Freude über Christi Geburt. Sie wird am Weihnachtstag angezündet.

Heiligabend verbringen die Familien zu Hause und besuchen gemeinsam die Mitternachtsmesse. Währenddessen rauscht *Santa Claus* durch den Kamin und bringt die Geschenke. Damit er sein Ziel nicht verfehlt, wird eine Kerze ins Fenster gestellt. Als gute Gastgeber stellen viele Iren auch ein kleines Geschenk für Santy bereit, sei es ein guter irischer Whiskey oder ein Mince Pie. Am Morgen des 25.12. werden die Geschenke ausgepackt, danach gibt es einen reichhaltigen und festlichen Schmaus mit Truthahn, Plumpudding und natürlich Mince Pies.

Diejenigen, die es nicht so gerne gemütlich haben, treffen sich am 25. morgens zum Weihnachtsschwimmen. Man stürzt sich in das eiskalte Wasser und sammelt nebenbei Spenden für einen guten Zweck. An vielen Orten an der Küste finden diese Spektakel mit zahlreichen Schaulustigen statt, die selber lieber eingemummelt bleiben. Auch der zweite Weihnachtsfeiertag steht im Zeichen des Spendensammelns. Kinder ziehen singend und mit Stroh und Masken kostümiert als „Wrenboys" durch die Straßen und bitten um Geld – für andere – und um Süßigkeiten – für sich. Der Wren ist ein kleiner Zaunkönig, der der Sage nach den Nationalheiligen St. Patrick verraten hat.

Belfast City Hall im Weihnachtslook »

Belfast

Das Weihnachtsfest findet sein Ende am 6. Januar, der traditionell als das „kleine Weihnachten“ oder das „Weihnachten der Frauen“ gefeiert wird. Die Frauen lassen alles stehen und liegen und machen sich einen schönen Tag. Sie gehen davon aus, dass die Männer währenddessen die Arbeit erledigen – Essen kochen, Kinder versorgen und den Weihnachtsschmuck abhängen. Am Abend wird dann der Erfolg (oder Misserfolg) begutachtet. *Nollaig Shona Duit!*

Mince Pies

Für den Teig:

- 250 g Mehl, ¼ TL Salz
- 2 EL Zucker, 150 g Butter
- 1 Eigelb für die Muffinoberseite

Für die Füllung:

- 50 g Butter
- 1 saurer Apfel
- 100 g getrocknete Feigen
- 40 g Mandeln
- 70 g Zucker
- 40 g Orangeat
- 80 g Rosinen
- Zimt, Kardamom, Muskatnuss

Mehl, Salz, Zucker, geschmolzene Butter und 4 EL Wasser mit dem Handrührgerät zu einem glatten Teig vermischen. In Frischhaltefolie ca. 2 bis 3 Stunden im Kühlschrank ruhen lassen. Butter erwärmen und alle kleingeschnittenen Zutaten der Füllung nach und nach in den Topf geben. Kurz bei geringer Hitze durchgaren lassen. Wer mag (und keine Kinder hat), gibt nach dem Kochen einen Schuss Rum oder Brandy dazu.

Eine 12er-Muffinform mit Öl einreiben. 3/4 des Teiges ausrollen und ca. 10 cm große Kreise ausstechen, die den Boden bilden. Mit Füllung und Deckel (Ø 5 cm) komplettieren. Die Oberseite mit Eigelb bestreichen und 20 Minuten bei 180 °C Umluft backen.

Island

Wie kommt ein Weihnachtsbaum aus Hamburg nach Reykjavík? Isländische Fischer schickten einst Fisch ins hungernde Nachkriegsdeutschland. 1965 hatten Hamburger Journalisten die zündende Idee, wie man sich bedanken könnte. Seitdem steht jedes Jahr eine prächtige Tanne aus Deutschland im Zentrum Reykjavíks – der besagte Hamburg-Christmas Tree. In Island genießt man die Weihnachtszeit besonders lange: Weihnachten (Jól) beginnt bereits vier Wochen vor dem eigentlichen Fest, das vom 24. Dezember (Aðfangadagur) bis zum 6. Januar dauert. Jeden Sonntag wird – wie bei uns – eine Kerze angezündet, bis es am 24. dann vier sind.

Wenn die Kirchenglocken am 24.12. um 18 Uhr läuten, ist das der Auftakt zu den Feierlichkeiten. Früher war der Besuch der Messe obligatorisch, heute überspringen viele Isländer diesen Programmpunkt und es geht gleich zum familiären Festschmaus.

Auf der Speisekarte stehen geräuchertes Lamm oder Schweinefleisch sowie Truthahn. Das traditionelle Weihnachtsgebäck ist Laufabrauð, das Schneeflockenbrot.

Am Abend gibt es dann Geschenke, die hier der *Jólasveinar* bringt. Besonders gerne werden Bücher verschenkt. Diese Tradition führt zur Jolabokaflod – der Weihnachtsbücherflut. Die meisten Neuerscheinungen kommen in Island im Spätherbst heraus und werden in einem

Katalog gelistet, der im November kostenlos an alle Haushalte verteilt wird.

Nach der Bescherung können sich alle zurücklehnen – die schlimmste Zeit der Weihnachtstrolle ist vorbei. Grýla und Leppalúði sind Trolle und die Eltern von 13 durchaus anstrengenden Söhnen, den Jólasveinar, den Weihnachtsburschen. Schon ihre Namen verraten ihren Hang zum Schabernack. Bjúgnakrækir (Wurstklauer) hat eine Leidenschaft für geräucherte Würste, Askasleikir (Schüsselecker) mopst gefüllte Schüsseln und Hurðaskellir (Türknaller) macht seinem Namen alle Ehre. Zu allem Überfluss haben die Trolle auch noch ein Haustier, die Yule cat. Die lauert in der Weihnachtszeit Menschen auf und frisst sie, wenn sie keine neuen Kleider für Weihnachten haben.

Ab dem 12. Dezember kommt jeden Tag ein Trollbursche zu den Menschen. Die Kinder stellen ihre Schuhe ins Fenster. Wenn sie artig waren, erhalten sie jeden Tag ein kleines Geschenk. Unartige Kinder sollten besser eine Schüssel mit Hafer- oder Milchbrei ins Fenster stellen, um das Schlimmste abzuwenden. Ab dem 24.12., wenn alle Weihnachtsburschen beisammen sind, verabschieden sie sich einzeln wieder, bis der Spuk am 6.1. vorbei ist. Das ist der Dreikönigstag, an dem viele Isländer Lagerfeuer entzünden. Elfen, Trolljungs und Menschen tanzen ums Feuer und freuen sich auf das nächste Weihnachtsfest. *Gleðileg jól!*

Schneeflockenbrot in 6 verschiedenen Designs »

Japan

In vielen Ländern Asiens hat sich Weihnachten auch ohne christliche Tradition durchgesetzt. Manchmal geht man eigene Wege und interpretiert das Fest der Familie und der Liebe auf recht individuelle Weise. Ein schönes Beispiel dafür ist Japan. Insbesondere für junge Japaner und Japanerinnen ist Weihnachten, das in der Landessprache Kurisumasu heißt, tatsächlich das Fest der Liebe und das der romantischen Datings noch dazu. Ähnlich wie beim Valentinstag stehen Spaziergänge zu zweit in den beleuchteten Straßen, ein feines Essen und

アパート・マンション
からあげ

schlussendlich das Einchecken im Hotel auf dem Programm. Da viele junge Leute noch bei ihren Eltern wohnen, ist dies die einzige Möglichkeit für ein bisschen Intimität. Bei allem ist eine gute Planung unerlässlich, weil die Nachfrage äußerst hoch ist.

In den Familien wird Weihnachten dann doch traditionell gefeiert. Am 24.12. bringt *Santa Claus* die Geschenke. Der künstliche Weihnachtsbaum, dekorierte Straßen und Einkaufszentren sowie omnipräsente Musikbeschallung durch amerikanische Weihnachtslieder prägen das weihnachtliche Treiben. Überhaupt: Amerika. Dessen Einfluss ist überall spürbar. Es heißt ja, Coca-Cola habe den Weihnachtsmann überhaupt erst erfunden. Der japanische Santa Claus scheint direkt der Limonade-Werbung entsprungen zu sein. Rot und weiß sind die Farben der Weihnacht, was sich auch im Lieblingsdessert, im „Christmas Keeki" widerspiegelt. Ein Biskuitboden wird mit Sahne, weißer Schokolade und Erdbeeren dekoriert.

Ein Marketing-Coup des amerikanischen Hähnchen-Restaurants Kentucky Fried Chicken hat es geschafft, fester Bestandteil des Weihnachtsrepertoires zu werden. 1974 lancierte das Unternehmen eine Werbekampagne mit dem Titel „Kurisumasu ni wa Kentakkii" („Am Weihnachtstag gibt es Kentucky"). Der Wunschtraum jedes Marketingmanagers ging in Erfüllung. Die Botschaft wurde erhört – seitdem stehen frittierte Hähnchenschenkel als Santasan-Hühnchen

X'mas

fest auf dem weihnachtlichen Speiseplan. Man lässt sich das Essen liefern oder geht ins Restaurant. Auch hier ist eine frühzeitige Reservierung unverzichtbar. *Merīkurisumasu!*

Christmas Keeki

Für den Biskuit:

- 3 Eier
- 80 g Zucker
- 80 g Mehl
- ½ TL Backpulver
- 50 g geschmolzene Butter
- 1 EL Milch

Für den Sirup:

- 50 g Zucker
- 1–2 EL Erdbeersaft

Füllung / Topping:

- 200 g Schlagsahne
- 20 g Zucker
- 50 g Erdbeeren
- weiße Schokoladeraspeln

Eier mit dem Zucker schaumig schlagen und nach und nach alle Zutaten für den Biskuitboden unterrühren. In einer Springform mit 20 cm Ø bei 180 °C 30 Minuten backen. Nach dem Erkalten in der Mitte aufschneiden. Beide Hälften mit Sirup bestreichen. Die Hälfte der Sahne mit der Hälfte der Erdbeeren als Füllung verwenden. Den Deckel mit der übrigen Sahne, den Erdbeeren und Schokoladenraspeln dekorieren.

Kenia

Auch wenn das eigentliche Weihnachtsfest in Kenia nur am 24. und 25. Dezember gefeiert wird, ist die Vorfreude schon den ganzen Dezember sicht- und hörbar. Man sieht bunt geschmückte Weihnachtszypressen, dekorative Ballons und Bänder, ab und an ein wenig Kunstschnee und Santa Claus, der in seinem Kostüm wohl ordentlich schwitzt. Aus den Lautsprechern in den Einkaufszentren dudeln nonstop die Weihnachtsklassiker.

Dennoch ist Weihnachten in Kenia ein echtes Familienfest. Die Verwandtschaft trifft sich im großen Kreis und feiert zusammen. Am 24. beginnt das eigentliche Fest mit einem gemeinsamen Mahl. Nach dem Essen wird das Haus weihnachtsfein gemacht. Beim Saubermachen sind auch die Kinder mit Feuereifer dabei. Gläubige Christen gehen am Heiligabend in die Mitternachtsmesse. Es wird viel gesungen, die Kinder führen Krippenspiele auf. Die Jugend feiert im Anschluss gleich weiter und tanzt oft bis zum Morgengrauen auf den Straßen.

Auch am 25. morgens finden Gottesdienste statt, die die ganze Familie besucht. Dann ist es Zeit für *Santa Claus*, die Geschenke zu bringen, die deutlich kleiner ausfallen als bei uns. Es ist hauptsächlich die Geste, die zählt. Am Mittag wird mit einem großen Weihnachtsessen gefeiert. In der Regel gibt es Ziegen-

Ugali mit Fleisch »

fleisch, gegrillt oder gekocht, manchmal auch Huhn. Die Preise für Ziegenbraten schnellen vor Weihnachten deutlich in die Höhe, in den ländlichen Gebieten ist die Hausschlachtung üblich. Dazu gibt es Ugali, einen Getreidebrei aus Mais oder Hirse, Tomatensalat mit Zwiebeln und Koriander sowie Chapati, ein ursprünglich aus Indien stammendes Fladenbrot. *Krismasi Njema!*

Neuseeland

Sieben Sonnenstunden am Tag, selten Temperaturen unter 20 Grad – das ist ein durchschnittliches Weihnachtsfest in Neuseeland. Von Schnee keine Spur. Abhilfe schaffen Schneespray aus der Dose oder die gute alte Watte. Die Weihnachtsbäume in den Wohnzimmern sind meist aus Plastik, die am Strand zudem noch aufblasbar. Dafür steht an den Küsten der Pohutukawa-Baum. Aufgrund seiner puscheligen roten Blüten, die just zur Weihnachtszeit blühen, ist er der „Christmas Tree".

Kerzenschein, Wollpullover und Glühwein weichen der fröhlichen Strandparty in der Badehose. Beim ausgelassenen

Picknick zum Weihnachtsfest am 25.12. die Kühltasche nicht vergessen! Es gibt Leckeres, das an das Mutterland der englischen Krone erinnert, also Truthahn und Plumpudding, flambiert oder nicht. Alternativ wird ein leckeres Barbecue zubereitet. Als Nachtisch werden Sahnetorte mit Kiwischeiben, Mince Pie-Törtchen oder die berühmte Pavlova serviert. Die russische Ballerina Anna Pawlowa durfte als Namensgeberin herhalten, da die Baiserspeise „leicht wie eine Feder" sein soll. Ob sie auch tanzen kann, ist nicht bekannt, aber unwahrscheinlich.

In die Rolle des Rentiers von Santa Claus schlüpft ab und an ein Känguru. Wie praktisch, dass es seinen Geschenk-

« *Der Pohutukawa-Baum*

beutel schon bei sich trägt. In vielen Städten Amerikas und Kanadas finden jährlich die Santa-Claus-Paraden statt, eine Tradition, die sich auch in Neuseeland unter dem Namen Santa Parades durchgesetzt hat. In praktisch jedem Ort gibt es, verteilt auf den Dezember, farbenprächtige Umzüge, die oft von einzelnen Berufsgruppen organisiert werden, zum Beispiel den Farmern. Die Teilnehmer verkleiden sich als Santa Claus, Elfen oder anderes Weihnachtspersonal und ziehen mit fantasievoll gestalteten Wagen durch die Innenstädte.

Wer in Neuseeland auf das weihnachtliche Winter-Feeling nicht verzichten will, feiert kurzerhand im Juli, wenn es tatsächlich Winter ist, noch einmal Weihnachten. Das ist dann das Mid-Winter-

Christmas. *Merry christmas!* Oder: *Meri Kirihimete!* (In der Amtssprache Maori)!

Pavlova

- 200 g Puderzucker
- 1 Pck. Vanillezucker
- 1 Prise Salz
- 5 Eiweiß
- 1 Spritzer Weißweinessig
- 1–2 Becher Schlagsahne
- Zucker zum Süßen
- 1–2 Pck. Sahnesteif
- 400 g frische Beeren oder Granatapfelkerne

Gesiebten Puderzucker mit Vanillezucker und Salz mischen. Die Eiweiße sehr steif schlagen, das Puderzuckergemisch unterheben und den Essig dazugeben. Die Masse kreisförmig auf Backpapier (Ø 20 bis 25 cm) verteilen und bei 90 °C Ober- und Unterhitze mindestens 3 Stunden vollständig trocknen lassen. Die Ofentür dabei mit einem Holzlöffel einen Spalt breit offen halten. Nach dem Abkühlen mit der mit Sahnesteif und Zucker geschlagenen Sahne und den Beeren dekorieren.

Philippinen

30 Grad im Schatten und 80 Prozent Luftfeuchtigkeit mögen auf den ersten Blick nicht das perfekte Ambiente für Weihnachten sein. Dennoch steht Weihnachten auf den Philippinen hoch im Kurs. Das zeigt sich auch in der Dauer der Weihnachtszeit, die im September mit der Eröffnung der ersten Weihnachtsmärkte beginnt und erst am dritten Sonntag im Januar mit dem „Fest des Heiligen Kindes" endet. Fast ein halbes Jahr darf man sich also in Weihnachtsstimmung fühlen (und auf die weihnachtslose Zeit freuen). Die Straßen sind bunt beleuchtet und auf den Plätzen stehen künstliche Weihnachtsbäume, die erstaunlich kegelför-

mig sind. Berühmt und berauschend ist das weihnachtliche Lichterfest im Ayala Triangle Garden in Makati City, das von November bis Januar stattfindet.

Am 16. Dezember treten Kitsch und Rummel ein wenig in den Hintergrund, wenn die religiöse Weihnachtszeit beginnt. Zwischen 3 und 5 Uhr beginnt jeden Morgen eine Weihnachtsmesse. Die Simbang Gabi (wörtlich Nachtmesse) findet neunmal bis zum 24. Dezember statt. Am Ausgang warten Straßenverkäufer, die traditionelle Speisen als Frühstück auf die Hand verkaufen. Am Tag ziehen Kinder in kleinen Gruppen durch die Straßen und singen Weihnachtslieder. Eine attraktive Alternative zu dem Weihnachtssingen sind die Karaoke-Partys. Man trifft sich in Bars oder zu Hause

mit der ganzen Familie und schmettert heimische oder amerikanische Songs. Die Stimmung ist emotional und aufgeladen. Es heißt, unglückliche Sänger wären nach einer schlechten Darbietung schon zu Tode gekommen.

Am Heiligabend, 24.12., kommt die ganze Familie zusammen. Viele Filipinos, die in der weiten Welt arbeiten, kehren nach Hause zurück. Man trifft sich bereits früh, um das Fest vorzubereiten und gemeinsam zu kochen. Zu den Speisen, die auf dem Tisch stehen, gehören zum Beispiel Lumpia (Frühlingsrollen), Lechon (Spanferkel) und Queso de Bola (Käse-Laib). Nach dem Essen ist Party-Zeit. Es beginnt ein buntes Fest mit vielen Spielen, das

« *Weihnachtsbaum in Manila*

meist unter einem bestimmten Motto steht. Auch hier kommt die Karaoke-Maschine zum Einsatz. Das Verteilen der Geschenke von *Santa Claus* kann man in das Spiel „White elephant" einbauen. Jede Familie spielt nach eigenen Regeln. Es werden Karten gezogen mit verschiedenen Aufträgen. Einer könnte sein: „Tausche ein Geschenk mit einer Person, die etwas Grünes trägt." Nach dem Heiligabend wird es etwas ruhiger bis zum „Fest des Heiligen Kindes" (Santo-Niño). Mit großen Straßenumzügen wird die Weihnachtszeit offiziell beendet – auf ein fröhliches Wiedersehen im September. *Malipayong Pasko!*

Lumpia

- 2 Zwiebeln
- 5 Knoblauchzehen
- 1 Möhre
- 500 g Hackfleisch (halb und halb)
- 50 g Rosinen
- Sojasauce, Salz, Pfeffer
- 1 Pck. Filo- oder Yufkateig (10 Blätter) alternativ 2 Pck. TK-Blätterteig (12 Scheiben)
- Öl zum Frittieren

Zwiebeln, Knoblauch und Möhre sehr klein schneiden und mit dem Fleisch, den Rosinen und den Gewürzen gut vermengen und in der Pfanne anbraten. Die Teigblätter auftauen und dünn ausrollen. Jeweils eine Platte mit Fleischmischung bestreichen und aufrollen. Die Nahtstellen mit Wasser sichern. In schwimmenden Öl in der Pfanne ausbacken.

Rumänien

Fast 90 Prozent der Rumänen sind rumänisch-orthodoxe Christen, für die das Weihnachtsfest eine große Rolle spielt. Viele beginnen 40 Tage vor dem Fest mit dem Fasten, bei dem sie insbesondere auf Fleisch und Genussmittel verzichten. Aus diesem Grund gibt es auch nicht die klassische Weihnachtsbäckerei zu Hause. Das Fastenbrechen findet am 24.12. bei Sonnenuntergang statt.

Ab etwa eine Woche vor dem Fest beginnen die Colindatori ihre Runden zu drehen. Das sind in regionalen Trachten gekleidete Kinder, ähnlich wie unsere Sternsinger, die in größeren oder kleineren Gruppen von Haus zu Haus ziehen und Weihnachtslieder singen. Oft werden sie von Bären oder Ziegen (also Menschen in entsprechenden Kostümen) begleitet. Der Lohn sind Süßigkeiten, Ku-

Selbstgebrannter Traditionsschnaps

chen und Obst. Am Heiligabend legen sie eine Pause ein, jetzt ist Zeit zum Feiern in der Familie. Hier wartet der Pomul de Crăciun, der Weihnachtsbaum, prächtig geschmückt auf die Kinder. Die Geschenke, die *Moş Crăciun* gebracht hat, liegen darunter, dürfen aber erst am Morgen des 25.12. geöffnet werden. Ein gemeinsamer Kirchenbesuch steht bei den meisten Familien auf dem Programm, danach wird das Fastenbrechen mit traditionellen rumänischen Gerichten gefeiert. Schweinefleisch darf nicht fehlen, genauso wenig wie der Pflaumenschnaps Țuică. Der wird im Herbst angesetzt und ist zu Weihnachten trinkreif. Viele Haushalte in Rumänien stellen ihren eigenen Țuică her, was zwar nicht erlaubt ist, aber geduldet wird. Das eigentliche Festessen findet am 25.12. mittags statt. Wiederum gibt es Schwein, zum Beispiel in Form von Kohlrouladen, Würsten oder Rippchen. Dazu sauer eingelegtes Gemüse und Maisbrei. Der Nussstrudel Cozonac und feine Süßspeisen runden das Mahl ab. *Craciun fericit!*

Cozonac

Für den Teig:

- 400 g Mehl
- 1 Pck. Trockenhefe
- 1/8 l Milch
- 100 g Zucker
- 100 g Butter
- 2 Eigelb
- Salz

Für die Füllung:

- 250 g gemahlene Hasel- oder Walnüsse
- 5 Eiweiß
- 150 g Zucker
- 1/2 Pck. Vanillinzucker
- 1 Prise Zitronenabrieb

Zum Bestreichen:

- 1 Eigelb
- Hagelzucker

Die Zutaten für den Teig vermengen und gut durchkneten. An einem warmen Ort zugedeckt gehen lassen. Für die Füllung die Eiweiße mit einer Prise Salz steifschlagen und dann erst den Zucker einrieseln lassen. Danach die Nüsse und den Zitronenabrieb unterheben. Den Teig erneut kneten, auf einer bemehlten Fläche dünn ausrollen und mit der Füllung bestreichen. Ausgehend von der schmalen Seite den Teig aufrollen und nochmals gehen lassen. Mit Eigelb bestreichen. Bei 180 °C etwa 30 Minuten backen und noch warm mit Hagelzucker bestreuen.

Schweden

Wer behauptet, dass Pfefferkuchenhäuser immer so aussehen müssen, als ob sie „Hänsel und Gretel" entsprungen wären? Das Gegenteil beweist das Stockholmer Architekturmuseum mit dem jährlichen Pfefferkuchenhaus-Wettbewerb. Mehrere hundert Einsendungen zeigen die schwedische Kreativität und die Freude des Landes an der Weihnachtszeit. Ähnlich wie bei uns, starten die Schweden am 1. Advent. Das erste Highlight stellt der Luciatag am 13. Dezember dar. Namensgebend ist die Heilige Lucia, die Göttin des Lichtes. Der ganze Tag steht im Zeichen des Lichtes, das die dunkle Jahreszeit erhellt. Seit über 250 Jahren wird der Tag mit Prozessionen und Konzerten gefeiert. Lucia, die die Prozessionen im weißen Gewand mit einer brennenden Kerze auf dem Kopf anführt, wird sorgfältig gecastet. Es ist eine große Ehre, hier ausgewählt zu werden. Wenn die Lucia zu jung ist, sind elektrische Kerzen die sicherere Wahl.

Die Chancen auf eine weiße Weihnacht stehen in Schweden nicht schlecht. Der Besuch eines Weihnachtsmarktes, der Eisbahn oder eines Rodelhanges sind beliebte Beschäftigungen in der Vorweihnachtszeit. Ein heißer Glögg wärmt von innen, ein kühles Jul Mumma erfreut die Seele. Am Abend ist dann Zeit für die familiäre Weihnachtsbäckerei. Neben den

Julbock und Weihnachtsziege »

bereits erwähnten Pfefferkuchenhäusern entstehen Lebkuchen (Pepparkakor) oder Lussekatter, ein Safran-Hefe-Gebäck. Alternativ basteln die Eltern mit ihren Kindern einen Julbock aus Stroh. Der ist wie die Weihnachtsziege überall und in jeder Größe anzutreffen. Zwischenzeitlich fungierte der Julbock als Geschenkebringer, heute ist seine Hauptaufgabe die der Dekoration. Der größte von allen steht in Gävle, rund 200 km nördlich von Stockholm, und bringt mit seinen 13 Metern rund 3,5 Tonnen auf die Waage. In der Vergangenheit wurde der Julbock in wenig weihnachtlicher Stimmung schon mal angezündet, sehr zum Entsetzen der Kinder – und der Feuerwehr.

Das Weihnachtsfest ist in Schweden ein ausgesprochenes Familienfest. Groß und klein versammeln sich am 24.12. Ähnlich unserer Tradition, am Silvesterabend „Dinner for one" zu schauen, ist der Weihnachtsklassiker „Donald Duck und seine Freunde wünschen Frohe Weihnachten" fester Programmpunkt in Schweden. Exakt um 15.05 Uhr startet der Zeichentrickfilm als Teil des Weihnachtsprogramms im schwedischen Fernsehen. Im Anschluss wird mit Geschenken, die *Jultomten* bringt, und sehr ausgiebigem Essen gefeiert. Auf dem Julbord stehen glasierter Schinken, Fleischbällchen, Lachs und eingelegter Hering. *God Jul!*

Glögg

Für den Gewürzsud:

- 100 ml Rum (54 % vol.)
- 10 Gewürznelken, 3 Zimtstangen
- 3 Scheiben frischer Ingwer
- 50 g Rosinen, 1 TL Kardamom
- 1 TL geriebener Muskat

Außerdem:

- 1 Flasche Rotwein (0,75 l)
- 100 g Zucker

Den Gewürzsud ansetzen. Nach ca. 7 bis 10 Tagen durchsieben. Der Gewürzsud hält sich lange und kann auch auf Vorrat und in größeren Mengen produziert werden. Rotwein mit Zucker und Gewürzsud erhitzen.

JUL MUMMA

- 2 cl Portwein
- 200 ml Pils
- 100 ml Guinness
- 100 ml Zitronenlimonade

Die gekühlten Getränke in einem hohen Gefäß vermischen, schaumig aufschlagen und direkt servieren.

Südafrika

Wenn Weihnachten in den Sommerferien liegt, befindet man sich sicher auf der Südhalbkugel der Erde. Auch in Südafrika ist das so. Viele Menschen, die in den Großstädten arbeiten, zieht es über die Feiertage zu ihren Familien aufs Land, wo in großer Gemeinschaft gefeiert wird. Südafrika ist ein multikulturelles Land und entsprechend sind die Weihnachtstraditionen unterschiedlich. Wenn man durch die Straßen geht, wird man an unser bzw. an das englische Weihnachten erinnert. Weihnachtsbäume, zur Not auch künstlich, werden geschmückt, dabei wird mit Kunstschnee nicht gespart. In den Radiosendern laufen die

Weihnachtslieder hoch und runter und die Vorfreude auf Geschenke ist riesig. In den Städten ziehen Kinder in Gruppen durch die Straßen und singen Weihnachtslieder.

Santa Claus (Sinterklaas oder Kersvader) kommt am 25.12. morgens – entweder vor oder nach dem Kirchenbesuch. Mittags gibt es den großen Weihnachtsschmaus. Was auf keinen Fall dabei fehlen darf: Fleisch! Das kann Truthahn, Ente, glasierter Schinken oder Spanferkel sein, dazu gibt es Reis mit Rosinen sowie Christmas Pudding. Der klingt süß, ist er aber nicht, sondern eine herzhafte Beilage. Dafür ist der mit Zuckersirup getränkte Malva-Pudding ein echter Nachtisch.

« *Südafrikanischer Weihnachtsbaum*

Wenn das Essen als Picknick veranstaltet wird, gibt es ein Barbecue oder das Grillvergnügen Braai, bei dem sich Gruppen an riesigen Grills versammeln. Diese Variante wird von den Südafrikanern bevorzugt, die sich nicht so viel aus den Weihnachtstraditionen machen. Es wird an (überfüllten) Stränden oder auf der Wiese hinterm Haus gefeiert, mit Tanz, Sport und Spiel. *Geseknde Kersfees!* Oder: *Sinifisela Ukhisimusi Omuhle!* (Zulu)

Malva-Pudding

Für den Teig:

- 120 g Mehl, 1 TL Natron
- 2 Eier
- 90 g brauner Zucker
- 1 EL Aprikosenmarmelade
- 50 g Butter
- 1 Prise Salz
- 1 TL Weißweinessig oder Zitronensaft
- 250 ml lauwarme Milch

Für die Soße:

- 80 g brauner Zucker
- 125 ml Orangensaft oder Wasser
- 100 g Butter

Backofen auf 250 °C Ober- und Unterhitze vorheizen.

Mehl und Natron in eine Schüssel sieben. In einer zweiten Schüssel Eier und Zucker cremig rühren. Marmelade, zerlassene Butter und Salz unterrühren. Die Hälfte der Mehl-Mischung in die Eier-Schüssel rühren, dann 125 ml Milch einrühren. Den Vorgang wiederholen, bis Mehl und Milch aufgebraucht sind. Essig bzw. Zitronensaft ebenfalls gut unterrühren. Den Teig in einer flachen, großen Glas-Auflaufform (ca. 30 cm) 10 Minuten backen. Nach 10 Minuten die Hitze auf 190 °C reduzieren und 5 weitere Minuten backen. Nach 5 Minuten den Ofen ausschalten und den Pudding-Kuchen noch 5 Minuten im geschlossenen Ofen lassen.

Inzwischen für die Soße Butter und Zucker bei mittlerer Hitze erhitzen, bis der Zucker geschmolzen ist und die

Soße eine schöne goldbraune Farbe hat. Orangensaft oder Wasser dazugeben und unter Rühren zum Kochen bringen.

In den fertigen Kuchen mit einer Gabel mehrmals einstechen und den Sirup gleichmäßig über den Kuchen gießen. Den Kuchen nochmals in den ausgeschalteten, aber noch warmen Backofen schieben, zumachen und ziehen lassen, bis der Sirup eingezogen ist. Warm mit Vanillesoße, Sahne oder Eiscreme servieren.

TIPP: Der Pudding-Kuchen lässt sich auch hervorragend am Vortag vorbereiten, so dass man ihn am nächsten Tag nur erwärmen braucht. Schmeckt aber auch kalt lecker.

Ungarn

Auch in Ungarn gibt es viele wunderschöne Weihnachtsmärkte, die ab Mitte November die Vorfreude auf das Fest schüren. Der vielleicht berühmteste findet in Budapest auf dem Vörösmarty Platz statt, wenn es auch Stimmen gibt, die behaupten, derjenige bei der St. Stephans Basilika sei doch viel schöner. Wie bei uns bringt der Mikulás, der Nikolaus, kleine Geschenke für die artigen Kinder. Am 13. Dezember ist der Luca Napja, der Lucia-Tag, der in Ungarn von Frauen gefeiert wird. Einer alten Tradition nach sollte eine heiratswillige Frau jeweils einen Mann ihrer Bekanntschaft auf einen von 13 Zetteln schreiben. Die Zettel sind Lose mit umgekehrter Verfahrensweise: Jeden Tag wird ein Zettel gezogen und entsorgt. Der Mann, dessen Zettel am 25.12. übrig geblieben ist, hat gute Chancen, der Auserwählte zu werden. Das mag keine zuverlässige Datingstrategie sein, als Spaß taugt es sicherlich. In der Vorweihnachtszeit werden in Ungarn viele Krippenspiele aufgeführt, die christliche und heidnische Wurzeln haben. Diese finden in oder vor Kirchen statt, oft auch als mobiles Theaterspiel, das von Haus zu Haus zieht. Dann bekommt die Geschichte der Herbergssuche von Maria und Josef eine ganz eigene Interpretation. Die gesammelten Spenden kommen wohltätigen Zwecken zu Gute.

Leckere Szaloncukor am Weihnachtsbaum »

Der Weihnachtsbaum wird erst am 24.12. aufgestellt und geschmückt. Neben Kerzen und Schmuck wird er mit Salonzucker (Szaloncukor) geschmückt. Die Pralinen sind in bunte Folie gewickelt und sehen aus wie winzige Knallbonbons. Die Herausforderung für jedes Kind besteht darin, die Praline herauszuoperieren, ohne dass die Verpackung beschädigt wird und die Familie den Raub bemerkt. So hängt am Ende der Weihnachtszeit oft nur noch das Stanniolpapier im Baum. Am 24. abends kommt das *Christkind* (Jézuska) und bringt die Geschenke. Die Familie isst zusammen, meistens gibt es die Fischsuppe Halászlé, in die mindestens dreierlei Fischsorten gehören. *Boldog karácsonyt!*

Halászlé

Für 4 Personen

- 1 kg Fisch (mindestens drei Sorten, z.B. Karpfen, Rotbarsch, Dorsch oder Wels)
- 200 g Zwiebeln
- 4 Tomaten
- 1 rote und 1 grüne Paprika
- 2 EL Tomatenmark
- je 1 TL Paprikapulver edelsüß und scharf
- 2 TL Maisstärke
- Salz

Die Fische waschen und grob zerteilen. Zwiebeln schälen und kleinhacken, Paprika kleinschneiden, die Tomaten häuten, zerteilen und das Kerngehäuse entfernen. Fischstücke und Zwiebeln in einen Topf schichten und mit Salzwasser bedecken. 20 Minuten bei milder Hitze kochen. Den Fisch herausnehmen, Paprika- und Tomatenstücke im Fischsud weitere 15 Minuten kochen. Den Fisch entgräten und in kleine Stücke teilen. Maisstärke anrühren und mit der Suppe kurz aufkochen. Danach die Fischstücke und die Gewürze dazugeben. Mit Weißbrot servieren.

Venezuela

Die Weihnachtszeit beginnt in Venezuela am 4. Dezember, dem Tag der Heiligen Barbara. Im Andenken an sie werden Zweige von Obstbäumen ins Wasser gestellt. Wenn diese bis zum Weihnachtsfest aufgeblüht sind, gilt das als gutes Omen für das nächste Jahr. Die Häuser und Wohnungen werden festlich geschmückt, die Stimmung steigt nicht nur bei den Kindern. Die Straßen füllen sich mit kleinen oder größeren Gruppen, die singend und von Gitarren und Trommeln begleitet von Haus zu Haus ziehen und Weihnachtslieder, die sogenannten Aguinaldos, vortragen. Die Straßen sind festlich und nicht zu knapp beleuchtet.

Nur ein – wiederkehrender – Stromausfall kann diese Herrlichkeit stoppen.

Am 16. Dezember beginnt die kirchliche Weihnachtszeit, in der bis zum 24. Dezember jeden Morgen die „Misa de Aguinaldo", die Weihnachtsgottesdienste, gefeiert werden. Das sind neun Tage, die die neun Monate der Schwangerschaft Marias versinnbildlichen. Die Messe beginnt bereits um 5 Uhr morgens, im Anschluss gibt es für die Besucher und Besucherinnen ein kleines Frühstück. In Caracas, der Hauptstadt Venezuelas, haben es die Menschen besonders eilig, in die Kirche zu kommen (oder sie wollen länger schlafen). Hauptsächlich die Jugend schnallt sich Rollschuhe und Inline-Skates an und flitzt zur Kirche. Die Straßen sind in der Zeit abgesperrt, so dass eine sichere Ankunft garantiert ist.

Am 21.12. beginnt der dreitägige Höhepunkt der Weihnachtszeit. In den Städten und Dörfern werden Krippen aufgebaut, deren Realitätstreue oft daher kommt, dass echte Menschen die Figuren darstellen. Das Christuskind (wahrscheinlich kein echtes Baby) wird erst am 24. in die Krippe gelegt. Daneben gibt es viel Trubel in den Straßen, Musik auf den Plätzen und Feuerwerk.

Am 24.12. wird abends festlich mit der Familie gegessen. Das Nationalgericht Hallaca (siehe Foto Seite 118) darf nicht fehlen, zusammen mit Schinkenbrot und Kartoffelsalat. Die Zubereitung dieser im Bananenblatt gedämpften und mit Fleisch gefüllten Maispasteten ist sehr

aufwändig. Sie werden ein, zwei Tage vor dem Fest, meist mit der ganzen Familie und in großen Mengen zubereitet.

Nach dem Auspacken der Geschenke, die vermutlich das *Christuskind* gebracht hat, gehen alle in die Mitternachtsmesse. Danach wartet nicht etwa das Bett, sondern es wird mit Musik und Tanz weitergefeiert. *Feliz navidad!* Entsprechend ruhig geht es am 25.12. und an den folgenden Feiertagen zu, bis es am 6. Januar nochmal zu einer schönen und letzten Feier kommt.

Weihnachten in Hogwarts

Die Menschen lieben Weihnachten. Das gilt gleichermaßen für Muggel wie für Magier. Auch diese wissen Weihnachten zu schätzen – und da ihnen viele Dinge leicht gelingen, fällt deren Fest in allem deutlich sensationeller aus. Die meisten Bräuche sind denen des Heimatlandes England angelehnt. So gibt es in Hogwarts nicht einen Weihnachtsbaum, nein, es sind zwölf. Hagrid hat turmhohe Prachtexemplare aus dem verbotenen Wald geholt. Die eine Hälfte ist mit winzigen Eiszapfen geschmückt, die andere mit Hunderten von Kerzen.

Findet ein Trimagisches Turnier in Hogwarts statt (was aufgrund der hohen Sterblichkeit der Teilnehmenden einige Jahre ausgesetzt war), steigt zu Weihnachten ein großer Ball. Dann wird es wirklich festlich! Auf den Weihnachtsbäumen sitzen schuhuende Goldeulen und die Ritterrüstungen schmettern Weihnachtslieder. Die Wände der großen Halle sind mit funkelnden Eiskristallen besetzt und die Decke ist kaum mehr zu sehen, da sie mit tonnenweise Girlanden aus Efeu und Mistelzweigen geschmückt ist. Vor dem Schloss sorgen Hunderte von Lichterfeen für ein zauberhaftes Schauspiel. Draußen ist es kalt und verschneit. Bei einem Spaziergang ins Dorf kann man sich mit heißem Butterbier wieder aufwärmen (Rezept S. 125).

BUTTERBEER